Yasmin Mai-Schoger

Der Hausberg

Gedichte und Geschichten rund um die Achalm

*...sieh nur, wie herrlich, so ruhig liegt sie da -
die Kuppe, der Hügel - der Gipfel, so nah!*
Yasmin Mai-Schoger

Yasmin Mai-Schoger

Der Hausberg

Gedichte und Geschichten rund um die Achalm

Bibliografische Information der Deutschen Nationalbibliothek:
Die Deutsche Nationalbibliothek verzeichnet diese Publikation in der Deutschen Nationalbibliografie; detaillierte bibliografische Daten sind im Internet über http://dnb.dnb.de abrufbar.

© **2019 Mai-Schoger, Yasmin**
Herstellung und Verlag: BoD – Books on Demand, Norderstedt
ISBN: 978-3-7322-9891-4

1. Auflage 2019

Der Hausberg

Bilder/Grafiken: Yasmin Mai-Schoger / Coverbild: Helga Mai

PRINTED IN GERMANY
ALLE RECHTE VORBEHALTEN. DIESES BUCH UND ALLE IN IHM ENTHALTENEN BEITRAÄGE UND ABBILDUNGEN SIND URHEBERRECHTLICH GESCHÜTZT. EINE VERWERTUNG OHNE EINWILLIGUNG DER AUTORIN IST UNZULÄSSIG.

INHALTSVERZEICHNIS

SIEH NUR, WIE HERRLICH!	9
VOLLER GESCHICHTEN	11
AUF DER GRÜNEN ACHALMWIESE	13
SCHAU NUR HIN, WAS WÄCHST DENN DA?	15
VERSCHLAFEN NOCH SIND BURG UND BAUM	19
WIESENHALM	21
WENN REGEN AUF DEN GIPFEL FÄLLT	23
DER SANDLAUFKÄFER WOHLBEKANNT	25
AUF DER ACHALM FLIEGEN WIEDER	27
ES BLÜHT SO BLAU DER ENZIAN	29
GANZ EGAL WOHIN ICH GEH'	31
DER HIRTE UND DIE SCHAFSTRAUBEN	35

Sieh nur,
wie herrlich,
dort über den Bäumen,
ein Ort zum Verweilen,
Pausieren und Träumen.
So saftig die Wiesen, die Eichen und Fichten,
ein Plätzchen zum Rasten, wohl auch zum Dichten.
Und zu Füßen liegt die Stadt, die so viel zu bieten hat.
Zwischen Wolken und Nebel oftmals verschwunden, so liegt sie da in den Morgenstunden.

Doch wenn
der Nebel abgezogen,
ruht er da, der grüne Bogen.
Wer einmal Zeit hat, soll ihn erkunden,
erwandern, beschreiten oder umrunden.
Vom Gipfel der Achalm *und* wieder zurück, lauf' nur hinauf und finde dein Glück!

Sieh nur,
wie herrlich,
so ruhig liegt sie da,
die Kuppe, der Hügel, der Gipfel, so nah.

SIEH NUR, WIE HERRLICH!

Sieh nur, wie herrlich,
dort über den Bäumen,
ein Ort zum Verweilen,
Pausieren und Träumen.

So saftig die Wiesen,
die Eichen und Fichten,
ein Plätzchen zum Rasten,
wohl auch zum Dichten.

Und zu Füßen liegt die Stadt,
die so viel zu bieten hat.
Zwischen Wolken und Nebel
oftmals verschwunden,
so liegt sie da in den Morgenstunden.
Doch wenn der Nebel abgezogen,
ruht er da, der grüne Bogen.

Wer einmal Zeit hat, soll ihn erkunden,
erwandern, beschreiten oder umrunden.
Vom Gipfel der Achalm *und* wieder zurück,
lauf' nur hinauf und finde dein Glück!

Sieh nur, wie herrlich, so ruhig liegt sie da,
die Kuppe, der Hügel, der Gipfel, so nah.

VOLLER GESCHICHTEN

Voller Geschichten
die Wege und Wiesen,
vieles beschrieben, belegt und bewiesen.

Manches wurde erzählt und berichtet,
es wurde gemalt, geschnitzt und gedichtet.

Vergangenes wurde der Nachwelt erhalten -
Geschichten, die als verloren galten.

In all den ganzen langen Jahren,
hat sich so einiges zugetragen.

Und der Berg schweigt still und starr,
verschweigt was ist und auch was war.

Bewahrt das Geseh'ne, die Legenden, Geschichten -
alles was war, zwischen Buchen und Fichten.

Nicht alles kommt ans Tageslicht,
die Achalm ist's, die niemals spricht.

AUF DER GRÜNEN ACHALMWIESE

Auf der grünen Achalm-Wiese,
wohnt die kleine Anneliese.
Und sie fliegt von Ast zu Ast,
ruht sich aus und macht dort Rast.

Und dort sitzt sie nicht allein,
denn die Liese ist noch klein.
Sie zwitschert, pfeift und singt,
ach, wie schön das tönt und klingt.

Auf der Eiche sitzt die Liese,
schaut auf ihre Achalm-Wiese,
stimmt die schönsten Lieder an,
märchenhaft ist ihr Gesang!

Dann erkundet sie die Wiese,
ganz begeistert ist die Liese,
ach, sie liebt den kleinen Hügel-
darum streckt sie ihre Flügel,
fliegt und flattert dort umher,
denn sie liebt den Berg so sehr!

Auch die schöne, kleine Stadt
sie ins Herz geschlossen hat.
Doch am meisten liebt sie diese
wunderschöne Achalm-Wiese.

SCHAU NUR HIN, WAS WÄCHST DENN DA?

Schau nur hin,

was wächst denn da?

Ich manches dort am Wege sah!

Ein Röschen gelb, leuchtend und klein,

ist auf der Achalm schon lange daheim.

Das Sonnenröschen stets zerknittert,

die buschige Pflanze im Winde zittert.

Ebenso leuchtet der Hufeisenklee,

nebenan die Orchidee.

Ein Stückchen weiter der Wiesenknopf,

mit seinem wunderschönen Schopf.

Kreuzblümchen, Salbei und Thymian

wachsen dort, voller Elan.

Und ab und zu ein Schäfchen kommt,
sich auf der schönen Wiese sonnt
und schwupps, da wurde schnell gefressen-
nur eines hat das Schaf vergessen....

Wohlgemut zieht's Schäfchen weiter,
vollgefressen und auch heiter.
Und die Diestel lässt es steh'n,
das ist sicher kein Verseh'n.

Glücklich läuft's die Achalm runter,
fröhlich, satt, beschwingt und munter.
Plötzlich bleibt das Schäfchen steh'n,
es hat ein Enzian geseh'n –

Doch das Schäfchen, gar nicht dumm,

frisst die Gräser rundherum-

bitter dieses Blümchen ist,

deshalb es das Schaf nicht frisst.

Was hier alles wächst, gedeiht,

der Achalm seinen Charme verleiht!

Schau nur hin, was wächst denn da?

So manches ich am Wege sah!

VERSCHLAFEN NOCH SIND BURG UND BAUM

Verschlafen noch sind Burg und Baum,
am frühen, frühen Morgen-
man sieht den Berg im Nebel kaum,
ich machte mir schon Sorgen!

Kaum auszudenken, wär' er fort,
der Talisman der Stadt,
denn schließlich war er immer dort
und schaut' auf uns herab.

Am Mittag scheint die Sonne dann
auf Wiese, Weide, Wald-
man bis ins Tal dann blicken kann,
bis hin zur Schwäb'schen Alb.

Und wenn die Sonne untergeht,
dann liegt der Gipfel still,
ein laues Lüftchen meistens weht
und nicht nur im April.

Und wenn der Mond am Himmel steht,
die Stadt, sie schläft schon lang,
ein manches Liebespaar dort geht,
am wunderschönen Hang.

WIESENHALM

Wiesenhalm wohin ich schaue
auf der grünen Achalm-Aue.
Schaue runterwärts ins Tal,
wärmen tut der Sonnenstrahl.
Blütenduft umgibt mein Haupt
mir der Blick den Atem raubt.

Bleibe noch ein bisschen steh'n,
bis zum Schwarzwald kann ich seh'n.
Laufe über Stock und Stein,
genieß' den letzten Sonnenschein,
doch ich komme einmal wieder,
setz' mich auf die Wiese nieder,
schau' hinunter dann ins Tal
genieß den warmen Sonnenstrahl.

WENN REGEN AUF DEN GIPFEL FÄLLT

Wenn Regen auf den Gipfel fällt,
Wolken grau des Weges geh'n,
hängen schwer am Himmelszelt,
die Kuppe ist fast nicht zu seh'n.
Grau und trist wirkt dann der Gipfel,
auch der Weg im Nebel liegt,
trostlos scheint des Baumes Wipfel,
wenn er sich im Sturme wiegt.

Doch der Wind, der dreht sehr schnell,
das Gewitter sich verzieht,
und es wird bald wieder hell,
still der Berg nun wieder liegt.
Küsst die Sonne dann den Regen,
und die Wolkendecke bricht,
Farben sich in Bögen legen,
schöne Aussicht es verspricht.
Und der Regenbogen leuchtet
farbenfroh den Gipfel an,
bis die kleinen nassen Tropfen
versiechen irgendwann.

Dann ist alles so wie immer,
still der Berg im Ländle liegt,
Bis zum nächsten bunten Schimmer,
sich der Baum im Winde wiegt.

DER SANDLAUFKÄFER WOHLBEKANNT

Der Sandlaufkäfer wohl bekannt,
weil er die Achalm hochgerannt-
dort wohnt er nah am steilen Hang
und läuft am Wegesrand entlang.

Ganz selten kriegt man ihn zu Sicht,
wo anders sieht man ihn meist nicht.
Doch hier da krabbelt er ganz munter,
die Achalm rauf und wieder runter.

Wenn ich ein Sandlaufkäfer wär,
ich lief dort auch am Hang umher!
Ein Paradies fürs Krabbeltier,
drum lebt es sehr sehr gerne hier.

AUF DER ACHALM FLIEGEN WIEDER

Auf der Achalm fliegen wieder
Biene, Hummel, Schmetterling.
Suchen Birke, Hasel, Flieder
und den bunten Blütenring.

Auch der kleine Hummelschwärmer
fliegt im warmen Sonnenschein.
Täglich, täglich wird es wärmer
und es darf nun Frühling sein.

Ein Milan thront auf dem Gipfel,
braun und silbern glänzt sein Fell,
fliegt auf des Baumes höchsten Wipfel,
denn dort scheint die Sonne hell.

Und der Baum wiegt sich im Winde,
denn noch ist nicht mal April,
doch es blüht auch schon die Linde,
weil es Frühling werden will.

ES BLÜHT SO BLAU DER ENZIAN

Es blüht so blau der Enzian,
direkt hier neben an -
er wächst, gedeiht, er blüht und keimt,
gleich da am kargen Hang!

Und wenn der Regen näher kommt,
so schließt er schnell sein Haupt
und wenn er dann da steht, so blau,
mir meinen Atem raubt.

Er blieb uns treu, die ganzen Zeit
mit seinem blauen Blütenkleid.
Die Achalm hat's ihm angetan,
genauso wie dem Thymian.

Sie wachsen, blühen und gedeihen,
am Berg, am Hang, ganz oben im Freien.
Das Blümelein, so elegant,
erst gestern dort ich eines fand.
Die Achalm hat's mir angetan,
genauso wie dem Enzian.

GANZ EGAL WOHIN ICH GEH'

Ganz egal wohin ich geh,
immer auf die Achalm seh'.
Oder ist es andersrum?,
frage ich mich manchmal stumm.

Still sie über uns wohl wacht,
auch bei Tage, auch bei Nacht.
Immer schaut sie auf uns nieder,
ja, das denk ich immer wieder!

Überall ist sie zugegen,
auf allen Straßen, auf allen Wegen.
Stolz erhoben von allen Seiten,
sie scheint uns stetig zu begleiten.

Still und friedlich liegt sie da,
so wie es von je her war.

„Achalm-Muffins" designed by Yasmin Mai-Schoger

Der Hirte und die Schafstrauben

Das Achalm-Märchen

von Yasmin Mai-Schoger

DER HIRTE UND DIE SCHAFSTRAUBEN

Es ereignete sich zu der Zeit, als der König hoch oben über dem Tal der Echaz auf dem Hausberg der noch jungen Stadt thronte und von seinem Schlafgemach bis in den wunderschönen Schönbuch blicken konnte. Die einzige Tochter des Königs war im heiratsfähigen Alter; ein zartes Wesen, mit elfenhafter Erscheinung, blondgelocktem Haar, einem bezauberndem Lächeln und das Herz voller Freude und freundlichen Worten. Doch egal wer um die Hand der Prinzessin anhielt, dem stolzen Vater war kein Prinz gut genug. Kein Graf, kein Herzog und auch kein tapferer Ritter sollte der Gemahl seiner Tochter werden. Wie alle Väter warf er ein misstrauisches Auge auf alle, die in die Nähe seiner schönen Tochter kamen. Keiner der Anwärter war seiner kleinen Prinzessin würdig. Da die Tochter noch an keinem der Genannten gefallen fand, lebten sie harmonisch zusammen, und es gab kein böses Wort oder Argwohn. Doch das sollte nicht immer so bleiben - eines Tages kam es, wie es kommen musste! Die Prinzessin ging mit ihrer Zofe hinaus auf die wunderschöne grüne Wiese am Fuße des Berges, ganz in der Nähe des Ritterweges und legte sich mit ihrem aufwendig besticktem Kleid in das hohe Gras und schaute den Wolken beim „Wandern" zu. Und als sie da so lag, ergab es sich, dass ein kleines Schaf sich über sie beugte, die zartrosa Zunge herausstreckte und ihr damit einfach über das Gesicht strich. Die Prinzessin hatte gerade ihr Augen geschlossen und erschrak fürchterlich. Doch als sie sah, welch' niedliches Wesen ihr so nahe gekommen war, musste sie laut lachen! Schon oft hatten sie hier ein paar einzelne Schafe oder Ziegen der königlichen Schafzucht gesehen, doch so nah waren sie ihnen noch nie gekommen, meist grasten sie an der Eselwiese, doch heute trieb der Hirte sie wohl zur Burg hinauf.

Die Zofe schimpfte mit dem zotteligen Schaf und versuchte, es von der Prinzessin wegzuziehen. Doch das Schaf ließ sich nicht beirren und stemmte die Vorderhufe in das Gras. Das war so lustig anzusehen, dass die Prinzessin nur noch mehr lachen musste. Von dem ausgelassen Treiben angezogen, waren sie plötzlich umgeben von Hunderten von Schafen. Große Schafe, kleine Schafe, weiße Schafe, schwarze Schafe und sogar ein paar Ziegen waren dabei. Was war das für ein Geblöke und Gemääähe. Und mittendrin, die Prinzessin! Und als sie da so zwischen den ganzen Schafen und Ziegen stand und nicht vor und nicht zurück konnte, erschien der Schäfer und wollte die Damen des Hofes befreien.

Gerade als der junge Hirte der Prinzessin aus der misslichen Lage helfen wollte, kam von hinten ein frecher Ziegenbock, schubste den Jüngling mit seinen Hörnern und der unbeholfene Schäfer stolperte, riss die Prinzessin zu Boden und landete genau auf ihr. Sofort wollte er aufspringen, doch als er in die zauberhaften Augen der Prinzessin schaute, war es um ihn geschehen. Regungslos lag er da. Ebenso erging es der Prinzessin - kaum hatte sie sich von dem Schrecken erholt, blickte sie in sein freundliches Gesicht mit den lustigen Sommersprossen. In dem Augenblick hatte sie sich in ihn verliebt. Die Welt schien für einen Moment stehen zu bleiben. Dann reichte ihr der Schäfer peinlich berührt die Hand, lachend standen sie auf, klopften sich Gras und Staub von den Kleidern und schauten sich einen Moment zu lang in die Augen. Von da an ging die Prinzessin jeden Tag auf die Wiese unter der Burg um ihren Schäfer zu sehen. Irgendwann wusste auch der König von dem jungen Mann und da er nicht wollte, dass seine einzige Tochter ausgerechnet einen Hirten heiratete, sie jedoch nicht verlieren wollte indem er einer Hochzeit im Wege stand, stellte er folgende Bedingung: Sollte es dem Schäfer gelingen, barfuß mit zwei großen Körben voller Trauben aus dem königlichen Weinberg über die drei Berge des Königs zu gelangen, ohne auch nur eine Traube zu verlieren, dann und nur dann sollte er um die Hand seiner geliebten Tochter anhalten dürfen. Die Tochter riss erschrocken die Augen auf, wusste sie doch um die Gefahren, die in den Bergen des Vaters lauerten. In den Wäldern des ersten Berges hauste ein gefräßiger Bär und ein wild gewordenes Wildschwein, im zweiten ein arglistiger Luchs und ein kaltblütiger Dachs mit drei roten Punkten auf dem Rücken und im dritten ein streitsüchtiger Wolf, über allen kreiste ein großer roter Vogel, dieser galt als besonders erbarmungslos. Und dann war da noch der riesige Hirsch mit den zwölf giftigen Zacken. Nein, niemals würde der Schäfer diese Aufgabe meistern. Ein Wunder, dass der Vater ihn nicht auch noch über die verfallene Treppe am Kugelberg geschickt hatte, diese führte direkt in den verwunschenen Steingarten und auch hierüber gab es genügend schauderhafte Geschichten! Die Prinzessin rannte weinend aus dem Zimmer, schnell an der Burgküche vorbei, nahm sich ein kleines Stückchen Brot, einen Becher Wein und eine Hand voll Trauben, lief aus der Burg und den Berg hinunter. Zuerst wollte sie zum Rappenplatz hinunterlaufen, doch dann entschied sie sich die andere Seite zu nehmen, zu groß war die Gefahr, dass ihr Vater sie dort finden würde, wusste er doch, dass sie dort immer verweilte, wenn sie Kummer hatte. So lief sie auch nicht den Weg entlang, sondern über Stock und Stein, über Wurzeln und Gestrüpp, zerriss sich ihr schönes Kleid, verlor ihre Schuhe und zerkratzte sich ihre zarten Beine. Am liebsten wäre sie bis zum Magdalenenwäldle gelaufen, doch so weit war sie noch nie allein gelaufen. So hörte sie auf zu laufen, als sie im Wald an einen riesigen Baum kam. Selbst drei ausgewachsene Männer hätten den Baum mit ausgestreckten Armen nicht umfassen können. Die Prinzessin setzte sich an den Fuß des starken Baumes und schluchzte bitterlich. „Niemals konnte der Schäfer diesen Weg unbeschadet überwinden", dachte sich die Prinzessin. Plötzlich stand ein kleines Männchen neben der Prinzessin und wollte wissen, warum sie denn so herzzerreißend weinen würde. Und als sie unter Tränen von des Vaters Worten berichtete, setzte sich die merkwürdige Gestalt zu der schönen Prinzessin und sprach folgende Worte: „Was gibst du mir, damit ich dir helfe?"

„Wie solltest du mir helfen können?", fragte die Prinzessin. Das freundliche Wesen lächelte bedeutungsvoll und erwiderte: „Ich bin Malcha, der Geist des Berges und wache über diesen, meine drei großen Brüder über die nächsten und meine Schwestern über den Berg hinter der Wolfsgrube - in deren Wälder hausen verwunschene Tiere. „Genau deshalb schickt mein Vater meinen Schäfer in den Wald, damit dieser niemals wiederkehrt!" Wieder fing die Prinzessin an zu weinen.

„Also, was gibst du mir?", fragte Malcha. „In meiner Tasche sind nur Brot, Wein und Trauben, aber die gebe ich dir gern!" Und als die Prinzessin sah, dass Malcha nur schwach lächelte, sagte sie, sie sei die Tochter des Königs und würde ihn mit Gold und Silber überschütten. Doch der Berggeist hatte etwas anderes im Sinn. „Versprich mir, dass dein Vater Zeit seines Lebens weder den Luchs, den Wolf, noch den Bären jagen wird, auch dem roten Milan, dem Wildschwein, dem Dachs und dem Hirsch darf kein Leid angetan werden!" „Aber warum willst du, dass diesen Tieren, die doch so grausam und gnadenlos sind, Schutz gewähren?", fragte die Prinzessin ungläubig. Sie dachte an den gefräßigen Bär, den arglistigen Luchs, den streitsüchtigen Wolf und an den roten Milan, der über den drei Bergen kreiste und erbarmungslos zu sein schien, an den Hirsch mit den zwölf Zacken, dachte sie ebenso mit Grausen.

„Es sind die verzauberten Kinder meiner Brüder und Schwestern, eine böse Hexe hatte sie vor langer Zeit in Tiere verwandelt und in die Berge verbannt - und so streichen sie durch die angrenzenden Wälder, immer in der Angst, von den Jägern des Königs getötet zu werden.

Niemals waren sie gefräßig, arglistig, streitsüchtig oder erbarmungslos,

auch nicht grausam oder ohne Gnade!", erwiderte der Berggeist mit belegter Stimme. Die Prinzessin hörte gespannt zu, nickte langsam und versprach dem Berggeist, dass sie dafür Sorge tragen würde, dass den Tieren niemals ein Leid geschehen würde. Malcha griff in seinen Beutel, gab ihr sieben kleine goldene Steinchen, diese sollte sie ihrem Schäfer geben. Und wenn dann eines der vermeintlichen Tiere vor ihm stünde, so solle er ihnen je einen der Steinchen geben und rufen: „Malcha schickt mich, lasst mich gewähren, krümmt mir kein Haar und lasst mir die Beeren". Die Prinzessin bedankte sich und lief eilig zu ihrem Schäfer.

Nachdem die Prinzessin ihm von ihrer Begegnung erzählt hatte, griff er nach den Steinchen und machte sich sofort auf den Weg, hinter ihm seine kleinen Schafe und Ziegen, denn diese wichen nicht von seiner Seite, auf den Schultern zwei große Körbe. Doch wo waren nur die Trauben geblieben? Hatte er sie schon alle verloren? So konnte es kein gutes Ende nehmen! Der schlaue Schäfer hatte jedem seiner Schäfchen drei Trauben gegeben und sie gebeten, sie mögen gut darauf acht geben! Und das taten sie auch! So kam es, dass der Schäfer mit leeren Körben, umzingelt von Schafen und Ziegen in den tiefen Wald hinein ging.

Kaum waren sie am Fuße des ersten Berges angekommen, sahen sie den roten Milan über sich kreisen. Der Berg kegelförmig und vulkanischen Ursprungs, die Hänge voller Trauben, die Trauben des Königs. Der Schäfer ging den Berg hinauf, bis er an eine kleine Kapelle kam. Schmal und uneben war der Weg und der Schäfer war froh, dass er die Trauben seinen Schafen anvertraut hatte. Ganz wohl war dem jungen Mann allerdings nicht, kannte er doch die Geschichten um die grausamen Tiere, die hier hausen sollten. Und da standen sie auch schon vor ihm, ein brauner zotteliger Bär mit großen angsteinflößenden Pranken und ein Wildschwein mit langem borstigen Bart, welches mindestens hundert Kilo wog. Ein bisschen Angst hatte der Schäfer schon und als er kurz das Gleichgewicht verlor, fiel ihm der rechte Korb von seinen Schultern. Wie gut, dass er nicht eine einzige Traube darin trug. Und gerade als die zwei Tiere schnellen Schrittes auf ihn zugelaufen kamen, warf der Schäfer in jede Richtung einen der goldenen Steinchen und rief: „Malcha schickt mich, lasst mich gewähren, krümmt mir kein Haar und lasst mir die Beeren". Da blieben Bär und Wildschwein stehen, sahen zu dem Schäfer und ließen ihn gewähren, ohne ihm auch nur ein Haar zu krümmen. Da ging der Schäfer frohen Mutes weiter, hinter ihm seine Schafe und Ziegen mit den Trauben im Mund.

Gemeinsam liefen sie Richtung Mädlesfelsen, an der Wolfsgrube vorbei um dann endlich, kurz nach dem Fallenbächle, auf den Luchs und den Dachs zu treffen. Freundlich sahen die beiden nicht gerade aus, schon ein bisschen blutrünstig und gefährlich! Und bestimmt waren sie das auch!

Mit grimmiger Miene kamen die beiden auf den Schäfer zu, doch als sie sahen, dass der Schäfer zwei goldene Steinchen in der Hand hielt, wurden ihre Mienen sanftmütig und mild und als der Schäfer dann noch rief: „Malcha schickt mich, lasst mich gewähren, krümmt mir kein Haar und lasst mir die Beeren", ließen sie den Schäfer ziehen, krümmten ihm kein einziges Haar und so konnte er mit seinem Gefolge weiterziehen. Frohen Mutes liefen sie eilig zur Elisenhütte, um dann endlich auf den Elisenweg zu gelangen, hier kannte sich der Hirte aus. Nun musste er nur noch die Abkürzung über die Jungviehweide nehmen um dann zur Ernsthütte zu gelangen.

An einem kleinen Teich machte der Schäfer mit seinen Freunden eine kleine Pause. Er legte sich unter die Eiche und schaute seinen Tieren beim Grasen zu. Immer über ihnen der rote Milan! Ein bisschen unheimlich war es ja schon, wie er dort oben mit seinen übergroßen Flügeln umherflog und immer wieder sturzflugartig der Erde ziemlich nahe kam.

Doch der Schäfer ließ sich nicht beirren, schließlich wollte er seine Prinzessin zur Frau nehmen und so durfte er den Mut nicht sinken lassen.

Nun galt es den letzten Berg zu erklimmen, dieser beherbergte den Erzählungen nach die gefährlichsten der sieben verwunschenen Geschöpfe: den streitsüchtigen Wolf und den riesigen Hirsch mit den zwölf giftigen Zacken. Doch erst mussten sie über Stock und Stein, immer den winzigen Pfad entlang, damit sie endlich ihre letzte Herausforderung antreten konnten. Kaum sahen sie über den Baumwipfeln den roten Milan erneut kreisen, hörten sie auch schon den imposanten Laut des Hirsches. Und da stand er auch schon vor ihnen, gewaltig und angsteinflößend! Und an seiner Seite der grimmige Wolf! Am liebsten hätten sie fluchtartig den Wald verlassen, aber dann würde er seine Prinzessin niemals wiedersehen. So ging er mutig zu der Lichtung auf der die beiden Tiere standen und aus gebührendem Abstand warf er zwei der goldenen Steinchen in die Richtung der Tiere und rief: „Malcha schickt mich, lasst mich gewähren, krümmt mir kein Haar und lasst mir die Beeren". Und auch diesmal ließen die Tiere ihn seinen Weg fortsetzen und krümmten ihm kein einziges Haar! Schnellen Schrittes liefen sie zum Fuße des Berges, an der Schillerlinde vorbei; immer über ihnen, der rote Milan. Und als dieser einmal ganz besonders nah an ihnen vorbei flog, nahm er schnell den letzten goldenen Stein und warf, so weit er nur konnte, in Richtung des kreisenden Vogels und rief: „Malcha schickt mich, lasst mich gewähren, krümmt mir kein Haar und lasst mir die Beeren". Und tatsächlich, der Vogel schnappte mit dem Schnabel nach dem Stein, flog noch einmal eine Runde über dem Schäfer mit seinen Schafen und Ziegen, um sie dann gehen zu lassen! Sie hatten es geschafft! Ohne dass ihnen auch nur ein Haar gekrümmt worden war! Und ohne auch nur eine Traube zu verlieren.

Nun mussten sie nur noch zum König zurück laufen! Und das taten sie, so schnell sie nur konnten. An der Steinmauer in der Nähe vom Galgenrain vorbei. Fast hatten sie es geschafft - Nur noch schnell durch die Weingärten, von dort direkt auf den Ritterweg und schnurstracks die Wiesen hoch. Und weil sie so in Eile waren, blieb er an einer kleinen Wurzel hängen und der linke Korb fiel von seiner Schulter,

gut, dass sich nicht eine kleine Beere im Inneren des Korbes befand. Er stand auf, schmiss sich den Korb wieder über die Schulter und lief weiter. Am Fuße der Burg spuckten noch schnell alle Schafe und Ziegen die Trauben in die leeren Körbe, so trat der barfüßige Schäfer vor den König! Und als dieser sah, dass der Schäfer seine Aufgabe gemeistert hatte, ohne dass auch nur eine Traube fehlte, musste er seine Tochter freigeben. Sieben Tage später wurde Hochzeit gehalten! Drei Tage und drei Nächte feierte das ganze Königreich. Und das größte Geschenk machte der König seiner Tochter; er kam ihrer Bitte nach, nie wieder in den Wäldern der umliegenden Berge zu jagen. Und so lebten alle glücklich und zufrieden bis an ihr Lebensende.

- ENDE -